colegio - škola                                              2
viaje - dromaripe                                            5
transporte - transporti                                      8
ciudad - diz                                                10
paisaje - pejzaži                                           14
restaurante - restorani                                     17
supermercado - supermarket                                  20
bebidas - piiba                                             22
comida - habe                                               23
granja - farma                                              27
casa - kher                                                 31
living - bešimaski kamara                                   33
cocina - kujna                                              35
baño - banya                                                38
cuarto de los chicos - čhavengi kamara                     42
ropa - šeja                                                 44
oficina - ofiso                                             49
economía - ekonomia                                         51
ocupaciones - profesie                                      53
herramientas - alatia                                       56
instrumentos musicales - muzikane instrumentia             57
zoológico - zoo                                             59
deportes - sportia                                          62
actividades - aktivitetia                                   63
familia - familiya                                          67
cuerpo - trupo                                              68
hospital - hospitalo                                        72
emergencia - sigyaripen                                     76
Tierra - phuv                                               77
reloj - saato                                               79
semana - kurko                                              80
año - berš                                                  81
formas - forme                                              83
colores - boje                                              84
opuestos - mamujipena                                       85
números - gende                                             88
idiomas - ćhiba                                             90
quién / qué / cómo - ko / so / sar                          91
dónde - kote                                                92

Impressum
Verlag: BABADADA GmbH, Nedderfeld 112 , 22529 Hamburg
Geschäftsführer / Verlagsleitung: Harald Hof
Druck: Books on Demand GmbH, In de Tarpen 42, 22848 Norderstedt

Imprint
Publisher: BABADADA GmbH, Nedderfeld 112 , 22529 Hamburg, Germany
Managing Director / Publishing direction: Harald Hof
Print: Books on Demand GmbH, In de Tarpen 42, 22848 Norderstedt

# colegio
## škola

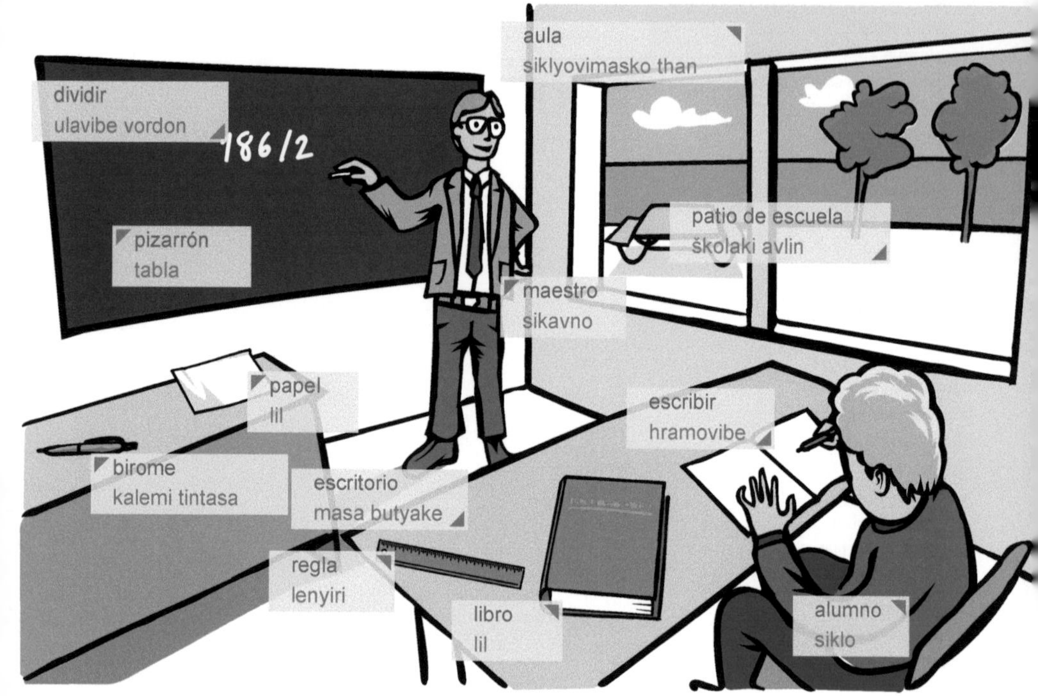
aula
siklyovimasko than
dividir
ulavibe vordon
186/2
pizarrón
tabla
patio de escuela
školaki avlin
maestro
sikavno
papel
lil
escribir
hramovibe
birome
kalemi tintasa
escritorio
masa butyake
regla
lenyiri
libro
lil
alumno
siklo

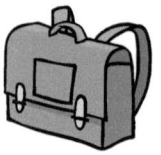

mochila
dumeski tašna

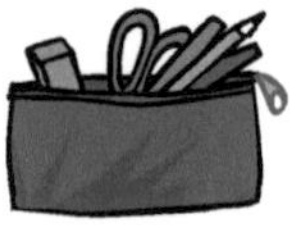

caja de lápices
kalemengi kutia

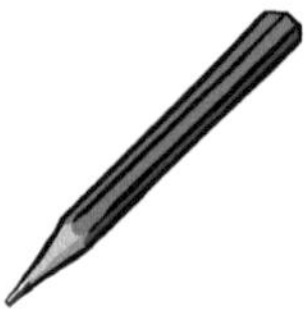

lápiz
kalemi

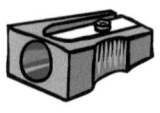

sacapuntas
kalemengi čhurori

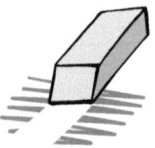

goma (de borrar)
kosimaski guma

bloc de dibujo
čitrimasko bloko

dibujo

čitribe

pincel

boyimaski frča

caja de pinturas

boyimaski kutia

tijera

kata

pegamento

lepako

cuaderno de ejercicios

bukjardarimasko lil

tarea

khereski buti

número

gendo

sumar

džide

restar

ikal

multiplicar

multiplicirin

calcular

kalkulirin

letra

hramome lil

abecedario

alfabeta

palabra

lafo

texto

teksti

leer

drabaribe

tiza

kreda

lección

lekciya

cuaderno de clase

Klasesko registro

examen

egzameni

certificado

sertifikato

uniforme escolar

školaki uniforma

educación

edukacia

enciclopedia

enciklopedia

universidad

univerziteto

microscopio

mikroskopo

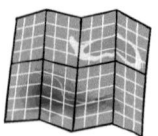

mapa

mapa

tacho (de basura)

korpa čhudimaske lila

# viaje
# dromaripe

Grand
hotel
hoteli
hostel
Lačhi blevel!
casa de cambio
biro baši devize
valija
koferi
auto
vordon

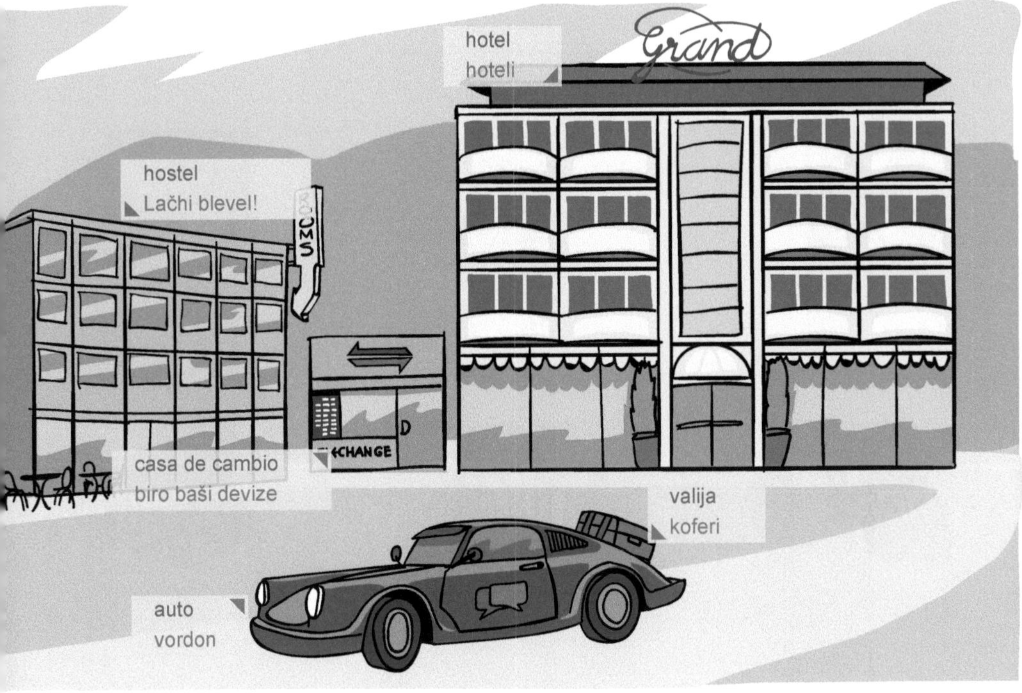

idioma

ćhib

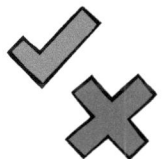

sí / no

va / na

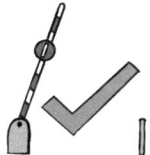

Está bien

Okay

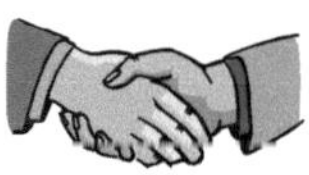

hola

Namaste

traductor

tumači

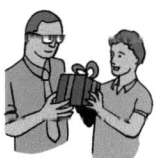

Gracias

Ov sasto

¿cuánto cuesta...?

Kozom si...?

No entiendo

Na havava

problema

problemo

¡Buenas tardes!

Lačhi rat!

¡Buenos días!

Lačhi javin!

¡Buenas noches!

Lačhi rat!

adiós

ačhon Devlesa

dirección

dromeski sikavin

equipaje

bagaži

bolso

gono

mochila

dumesko gono

invitado

misafiri

habitación

kamara

bolsa de dormir

sovimasko gono

carpa

cerha

información turística

turistikani informacia

playa

plaža

tarjeta de crédito

kreditno kartica

desayuno

javinako habe

almuerzo

kušluko

cena

ratyako habe

pasaje

karta

ascensor

elevatori

sello

marka

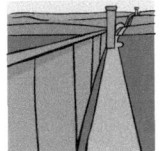

frontera

simantra

aduana

adetia

embajada

ambasada

visa

viza

pasaporte

pašaporti

viaje - dromaripe

# transporte
# transporti

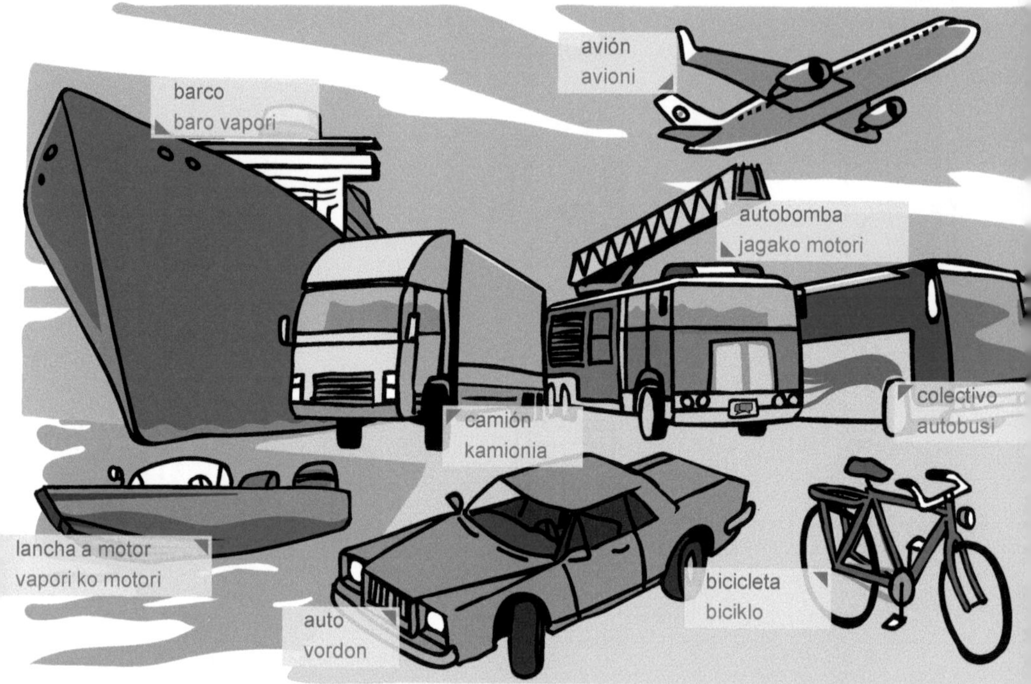

avión
avioni
barco
baro vapori
autobomba
jagako motori
colectivo
autobusi
camión
kamionia
lancha a motor
vapori ko motori
bicicleta
biciklo
auto
vordon


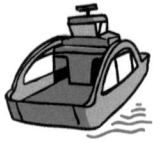

ferry

feri vapori

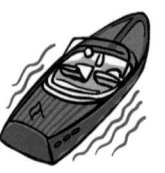

bote

vapori

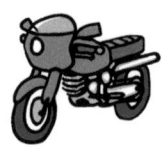

moto

motorciklo

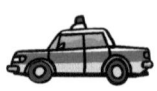

patrullero

policiako vordon

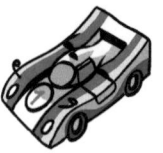

auto de carreras

prastamasko vordon

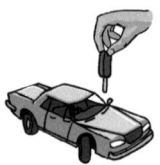

auto de alquiler

rentakar

alquiler de autos
ulavibe vordon

grúa
rumosardo kamioni

camión de basura
kamionengo than

motor
motori

nafta
petroli

estación de servicio
petrolesko stasioni

señal de tránsito
trafikoskere išaretia

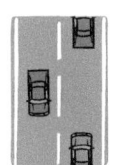

tránsito
trafiko

embotellamiento
baro trafiko

estacionamiento
ordonesko parkirimasko than

estación de tren
pampurengo stasioni

vías
kamionia

tren
pampuri

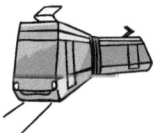

tranvía
tramvaj

vagón
vagoni

helicóptero

helikopteri

aeropuerto

aeroporti

torre

kula

pasajero

dromarutno

contenedor

kontejneri

caja de cartón

kartoni

carretilla

vordonoro

canasta

sevli

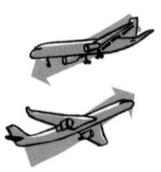

despegar / aterrizar

urjalipasko starto /
urjalipasko agor

## ciudad

## diz

pueblo

gav

centro de ciudad

dizyako centro

casa

kher

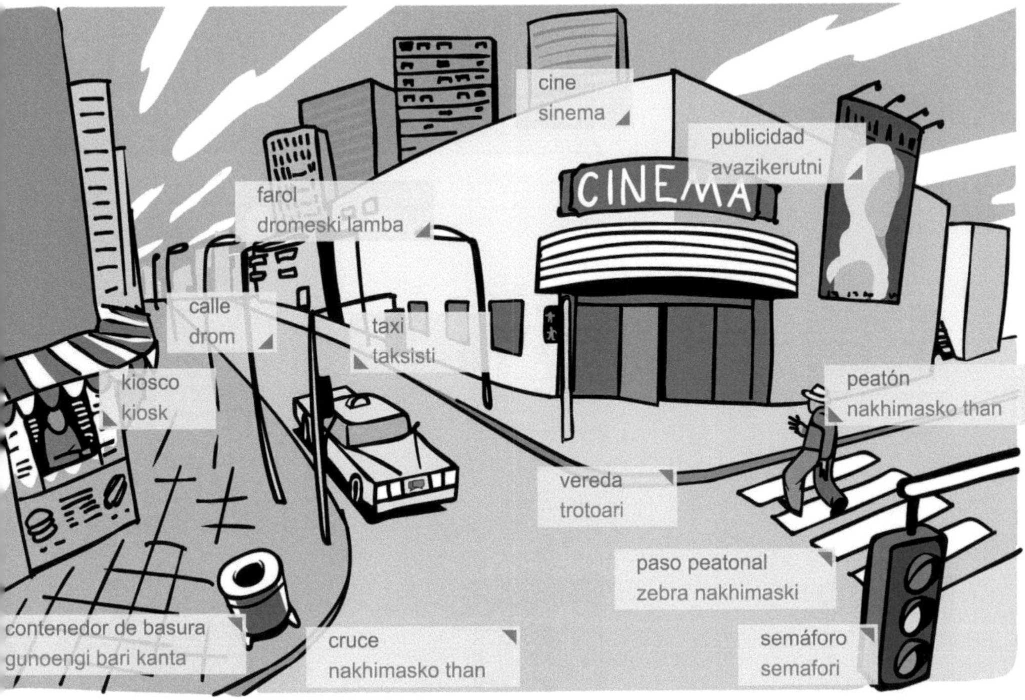
cine
sinema
publicidad
avazikerutni
CINEMA
farol
dromeski lamba
calle
drom
taxi
taksisti
kiosco
kiosk
peatón
nakhimasko than
vereda
trotoari
paso peatonal
zebra nakhimaski
contenedor de basura
gunoengi bari kanta
cruce
nakhimasko than
semáforo
semafori

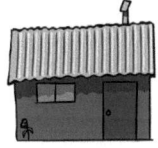

cabaña

koliba

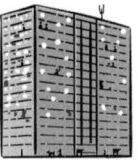

departamento

apartmani

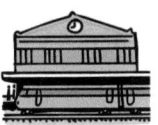

estación de tren

pampurengo stasioni

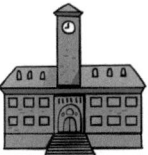

municipalidad

dizyaki sala

MUSEUM

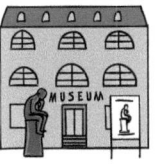

museo

muzeji

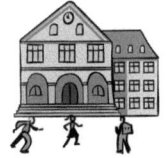

colegio

škola

universidad
univerziteto

banco
banka

hospital
hospitalo

hotel
hoteli

farmacia
apoteka

oficina
ofiso

librería
lil bikinimasko than

negocio
dukyano

florería
lulugengo bikinutno

supermercado
supermarket

mercado
kurko

grandes tiendas
baro bikinimasko kher

pescadería
mačhengo astarutno

centro comercial
kinimasko centro

puerto
vaporengo ačhovimasko than

parque

parko

banco

klupa

puente

purt

escaleras

merdevenya

subte

metro stasioni

túnel

tuneli

parada del colectivo

autobuseski adžikerin

bar

bar

restaurante

restorani

buzón

poštako mohto

letrero

dromesko išareti

parquímetro

parking than

zoológico

zoo

pileta

nangyovimasko bazeni

mezquita

džamiya

granja
farma

contaminación
melalipe

cementerio
limorengo than

iglesia
khangeri

juegos infantiles
khelimasko than

templo
hramo

## paisaje
## pejzaži

hoja
patrin

poste indicador
išareti

camino
drom

pradera
livazin

piedra
bar

excursionista
phiravno

árbol
kašt

río
len

hierba
čar

flor
luludi

valle
harno than

montaña
bairi

lago
devrijal

bosque
veš

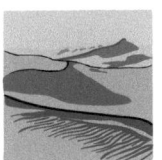

desierto
mulano than

volcán
vulkano

castillo
saraji

arco iris
renkali badalin

champiñón
gaba

palmera
palma kašt

mosquito
sivrija

mosca
mak

hormiga
karandža

abeja
birumni

araña
pauko

escarabajo

buba

rana

žamba

ardilla

ververica

erizo

kanzauri

liebre

šošoj

lechuza

buf

pájaro

pakšin

cisne

lebedi

jabalí

bali

ciervo

eleno

alce

eleno

presa

pani garavin

aerogenerador

bavlalaki turbina

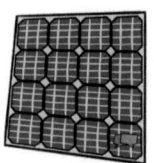

panel solar

solarno paneli

clima

klima

# restaurante
# restorani

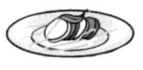

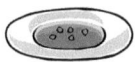

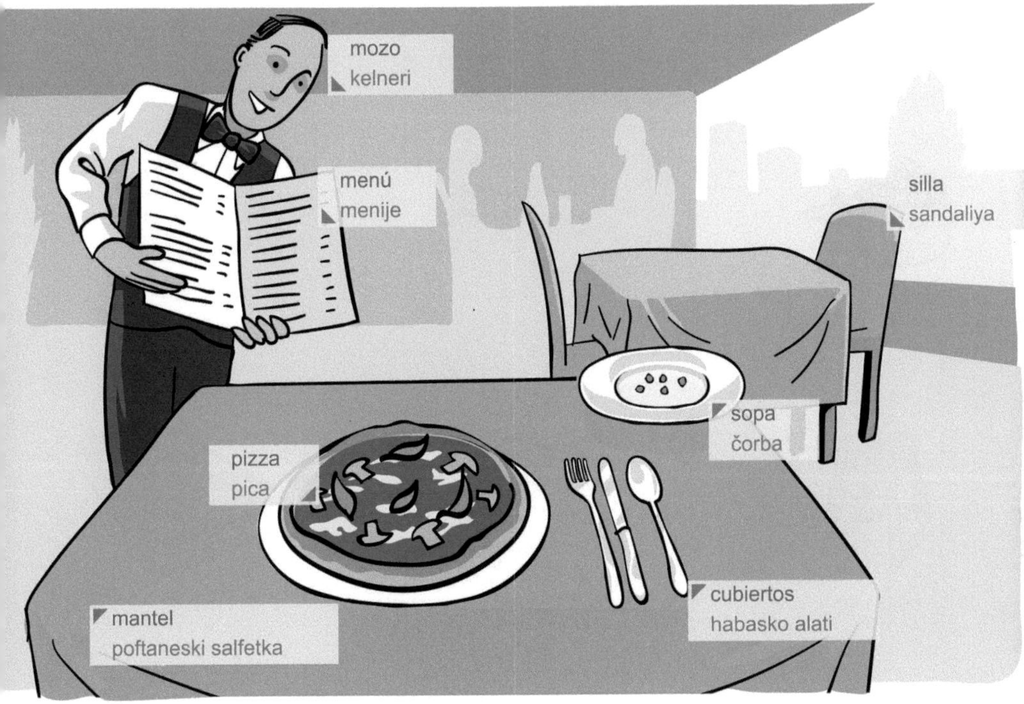
mozo
kelneri
menú
menije
silla
sandaliya
sopa
čorba
pizza
pica
cubiertos
habasko alati
mantel
poftaneski salfetka

entrada
avgo habe

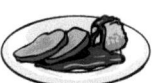

plato principal
šerutno habe

postre
gudlimata

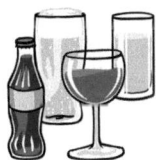

bebidas
piiba

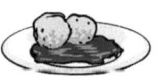

comida
habe

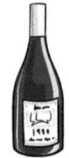

botella
šiša

comida rápida

fast food

comida callejera

sokakongo habe

tetera

čajniko

azucarera

šekereskoro čaroro

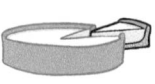

porción

porcia

cafetera expreso

makina vaš espresso

sillita alta

uči sandaliya

cuenta

esapi

bandeja

apladiya

cuchillo

čhuri

tenedor

vilyuška

cuchara

roj

cucharita

čajeski roj

servilleta

salfetka

vaso

tahtai

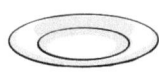

plato

čaro

plato hondo

čaro čorbake

plato

hor čaro

salsa

sosi

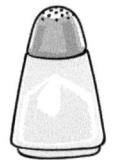

salero

londesko čaroro

molinillo de pimienta

kale biberesko pišlo

vinagre

šut

aceite

zejtini

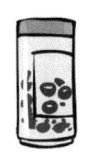

especias

začinia

kétchup

kečap

mostaza

senf

mayonesa

majonezi

# supermercado

# supermarket

oferta especial
specialno oferta
FOR
cliente
mušteriya
lácteos
thudeske butya
fruta
emiši
changuito
vordonoro

BUTCHERS

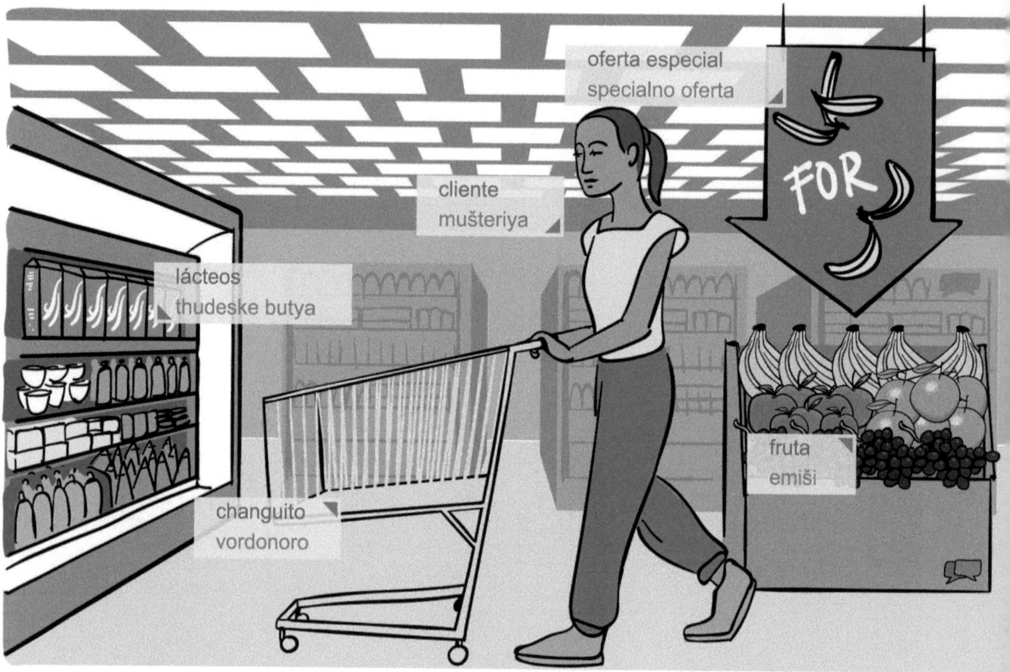

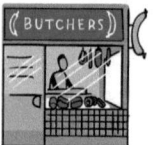

carnicería

kasapi

BAKERY

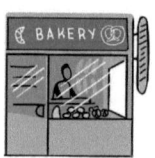

panadería

furuna

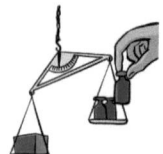

pesar

ladavipe

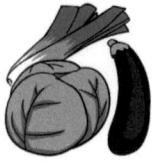

verduras

zarzavati

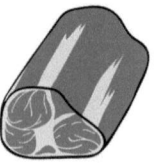

carne

masesko rolati

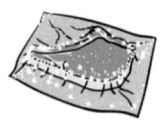

alimentos congelados

pahome habe

fiambres

šudro mas

alimentos enlatados

konzerva

detergente en polvo

thovimasko prašako

golosinas

gudlimata

electrodomésticos

khereske butya

productos de limpieza

užarimaske butya

vendedora

bikinutno

caja

kasapi

cajero

kasieri

lista de compras

kinimaski patrin

horario de atención

putarimaske satura

billetera

lovengi tašna

tarjeta de crédito

kreditno kartica

cartera

gono

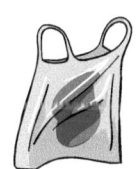

bolsa de plástico

plastikano gono

agua

pani

jugo

džus

leche

thud

bebida cola

kola

vino

mol

cerveza

bira

alcohol

alkohol

cacao

kakao

té

čaj

café

kafa

café expreso

espresso

cappuccino

cappuccino

banana

banana

manzana

phabaj

naranja

portokali

melón

kavuni

limón

limoni

zanahoria

karota

ajo

sir

bambú

bambusi

cebolla

purum

champiñón

gaba

nueces

akhora

fideos

humereske butya

tallarines

špageti

arroz

rezo

ensalada

salata

papas fritas

čipsi

papas fritas

peke kompiria

pizza

pica

hamburguesa

hamburger

sándwich

sendviči

churrasco

kotleti

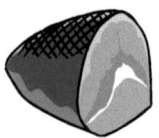

jamón

žamboni

salame

salama

salchicha

goja

pollo

khajnako mas

asado

peko

pescado

mačho

copos de avena

popara

muesli

musli

copos de maíz

kornfleks

harina

varo

medialuna

kroasani

pancito

masesko rolati

pan

maro

tostada

tosti

galletitas

biskotia

manteca

puteri

cuajada

urda

torta

torta

huevo

jaro

huevo frito

peke jare

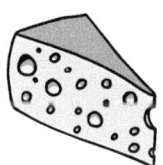

queso

kiral

helado

šudro gudlo

azúcar

šekeri

miel

avgin

mermelada

džem

pasta de chocolate

čokoladaki krema

curry

kari

# granja
# farma

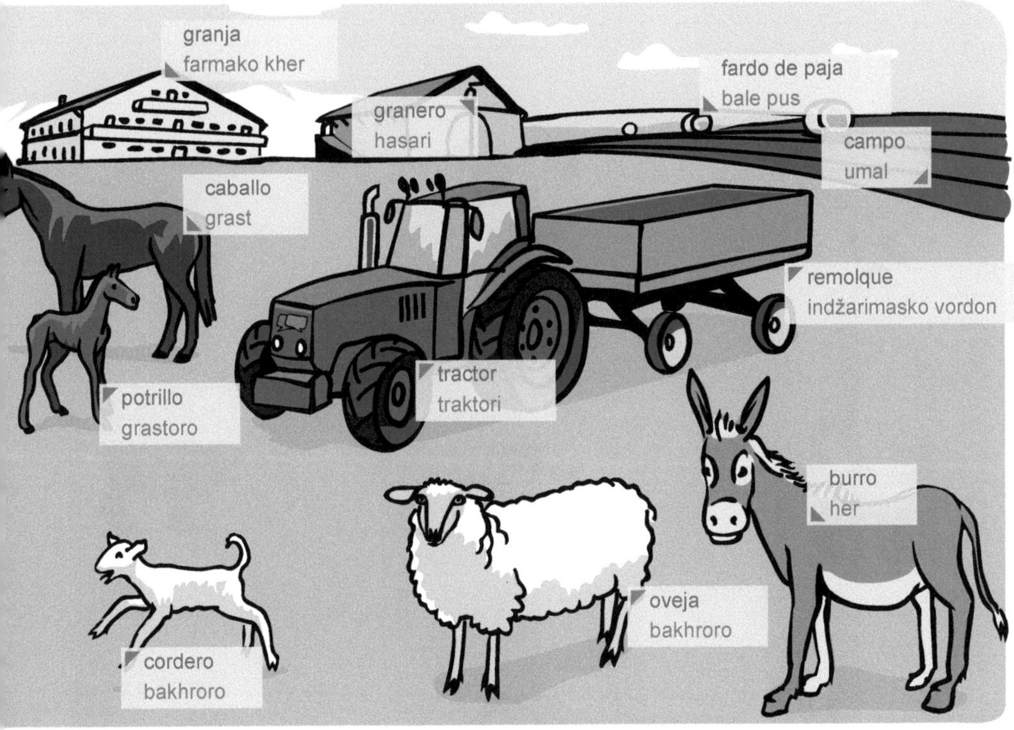
granja
farmako kher
granero
hasari
fardo de paja
bale pus
campo
umal
caballo
grast
remolque
indžarimasko vordon
potrillo
grastoro
tractor
traktori
burro
her
oveja
bakhroro
cordero
bakhroro

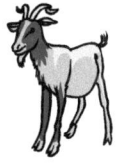

cabra
buzno

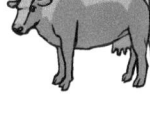

vaca
guruvni

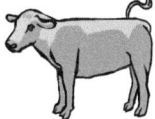

ternero
guruvoro

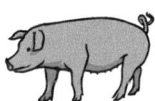

cerdo
balo

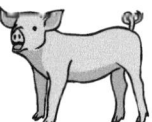

lechón
baloro

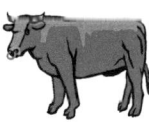

toro
guruv

ganso

papin

pato

payka

pollo

pilička

gallina

khayni

gallo

bašno

rata

baro germuso

gato

bilika

ratón

germuso

buey

guruv

perro

džukel

cucha

džukelesko kher

manguera

žardina

regadera

panyarimaski kanta

guadaña

aindžako kidimasko alati

arado

plugo

hoz

srpo

azada

motika

horquilla

aindžaki vilyuška

hacha

tover

carretilla

vordonoro phiravutno

abrevadero

balani

lechera

thudeski šiša

bolsa

harari

reja

trujalutni

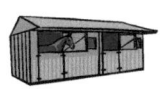

establo

jahri

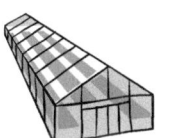

invernadero

haryalo kher

suelo

phuv

semilla

seme

fertilizador

gyubre

cosechadora

aindžako kidipe

cosechar

kidibe aindž

cosecha

harmani

batatas

phuvaki phabaj

trigo

giv

soja

soja

papa

kompiri

maíz

mumuruzi

semilla de colza

šarlagani

árbol frutal

emišengo kašt

mandioca

Kasava

cereales

giveskere javinlukoja

# casa
# kher

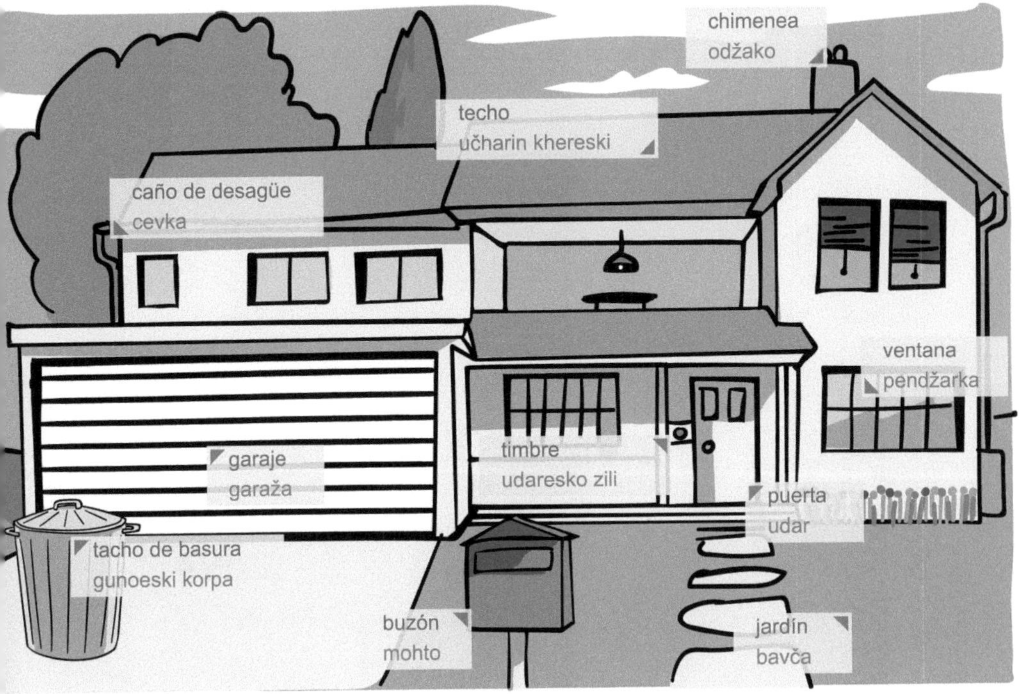
chimenea
odžako
techo
učharin khereski
caño de desagüe
cevka
ventana
pendžarka
garaje
garaža
timbre
udaresko zili
puerta
udar
tacho de basura
gunoeski korpa
buzón
mohto
jardín
bavča

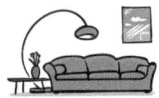

living

bešimaski kamara

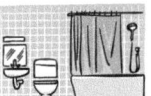

baño

banya

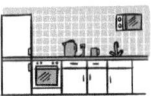

cocina

kujna

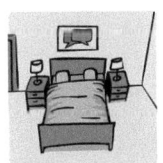

dormitorio

sovimasko than

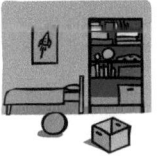

cuarto de los chicos

čhavengi kamara

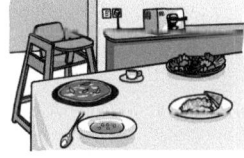

comedor

than hajbaske rakjako habe

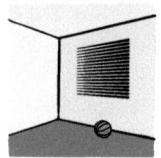

piso

kati

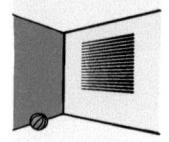

pared

duvari

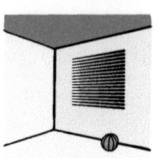

cielorraso

tavano

sótano

špajzi

sauna

sauna

balcón

terasa

terraza

terasa

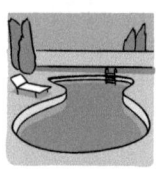

pileta

bazeni

cortadora de pasto

čar harnyarimaski makina

sábana

patrin

acolchado

čaršafia

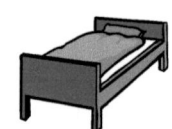

cama

kreveto

escoba

šulavni

balde

korpa

interruptor

elektrikani phabarin

# living
# bešimaski kamara

empapelado
tapeta
imagen
tasviri
lámpara
lamba
estante
rafti
armario
ormari
televisión
televiziya
chimenea
jagako than
flor
luludi
almohadón
šerand
sofá
sofa
florero
vazna
control remoto
durutni komanda


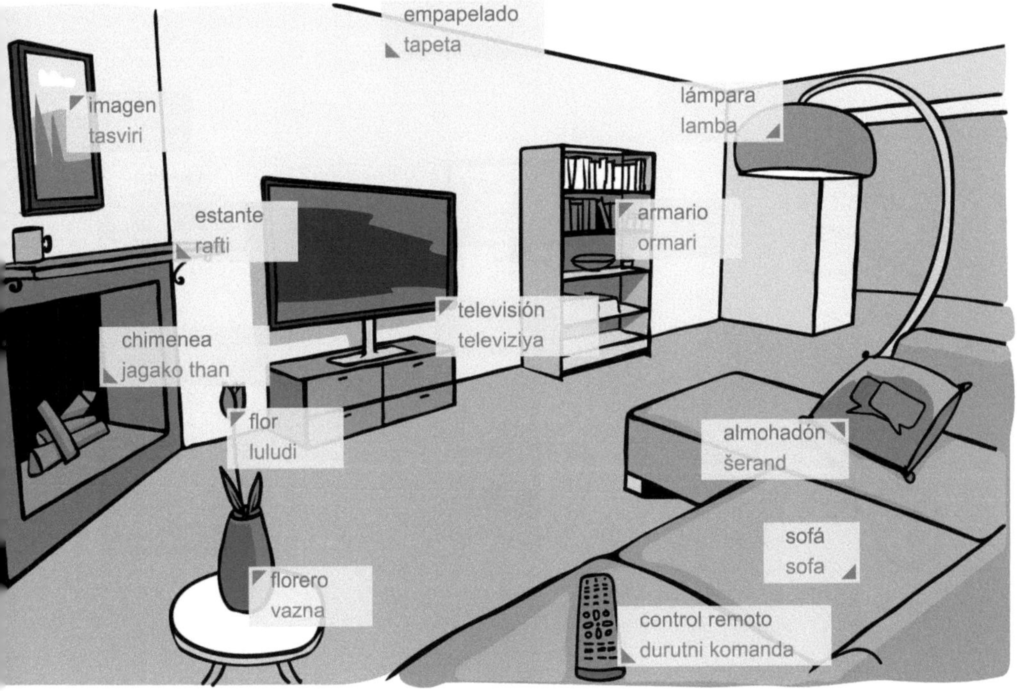

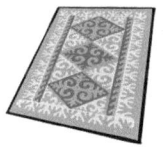

alfombra

kilimi

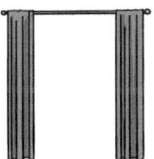

cortina

perde

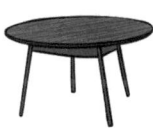

mesa

masa

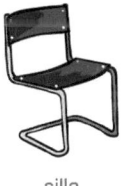

silla

sandaliya

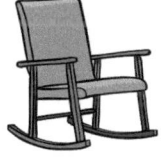

mecedora

kunajka sandaliya

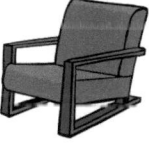

sillón

fotelya

libro
lil

frazada
kebe

decoración
dekoraciya

leña
kašta phabarimaske

película
filmi

equipo de música
stereo ašunimaske butya

llave
nahtari

diario
gazeta

pintura
frčaja bojakeribe

póster
posteri

radio
radio

cuaderno
hramovimasko bloko

aspiradora
elektrikani šulavni

cactus
kaktusi

vela
momoli

# cocina
## kujna

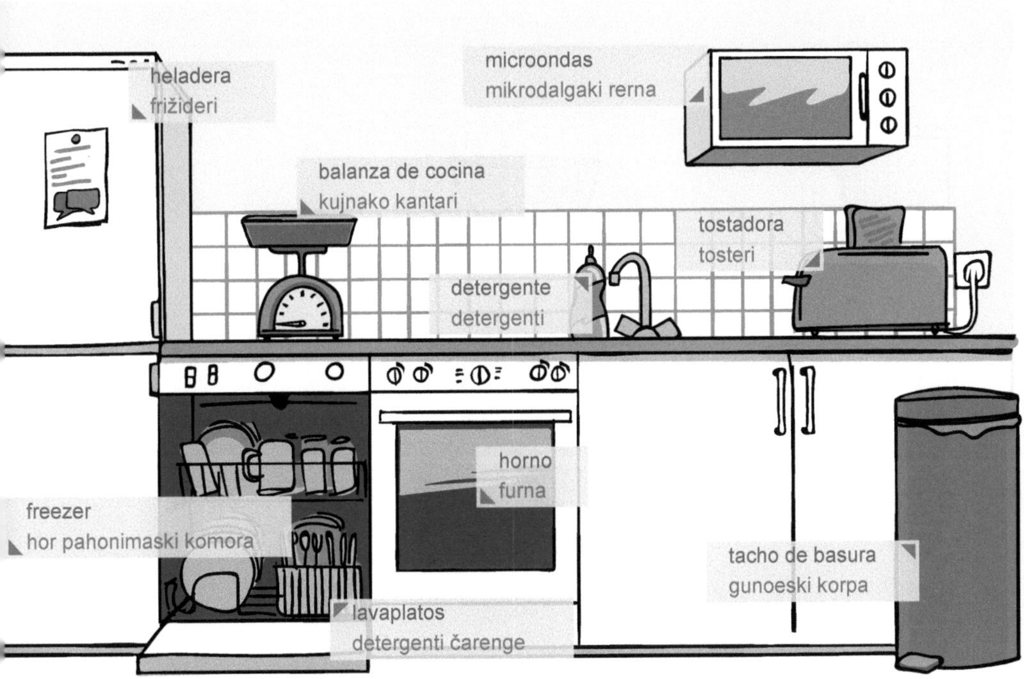

heladera
frižideri
microondas
mikrodalgaki rerna
balanza de cocina
kujnako kantari
tostadora
tosteri
detergente
detergenti
horno
furna
freezer
hor pahonimaski komora
tacho de basura
gunoeski korpa
lavaplatos
detergenti čarenge


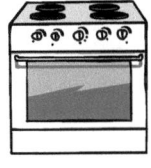

cocina
keravimasko than

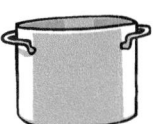

olla
čaro

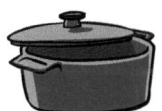

olla de hierro fundido
sastrnali tendžera

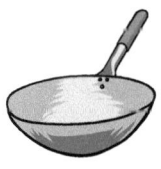

wok
vok cihani

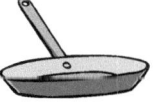

sartén
tava

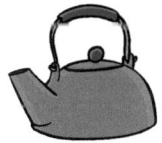

pava
elektrikano bokali

vaporera

tendžera ki para

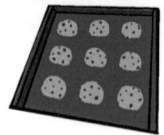

bandeja de horno

tepsija

vajilla

čare

taza

bareder fildžano

bol

čaro

palitos

kinakere habaskere kaštore

cucharón

fioka

estpátula

špatula

batidora

vastesko mikseri

colador

cedimasko čaro

colador

porizen

rallador

rende

mortero

avano

parrilla

skara

fogata

puteribe jag

tabla de picar

čhinimaski tabla

palo de amasar

oklagia

sacacorchos

puterimasko alati

lata

konzerva

abrelatas

konzervako puterutno

manopla

čaresko ikerutno

pileta

lavabo

cepillo

frča

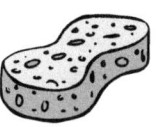

esponja

sungeri

batidora

mikseri

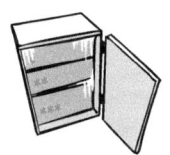

congelador

hor pahonimasko frižideri

mamadera

bebeski šiša

canilla

češma

# baño
## banya

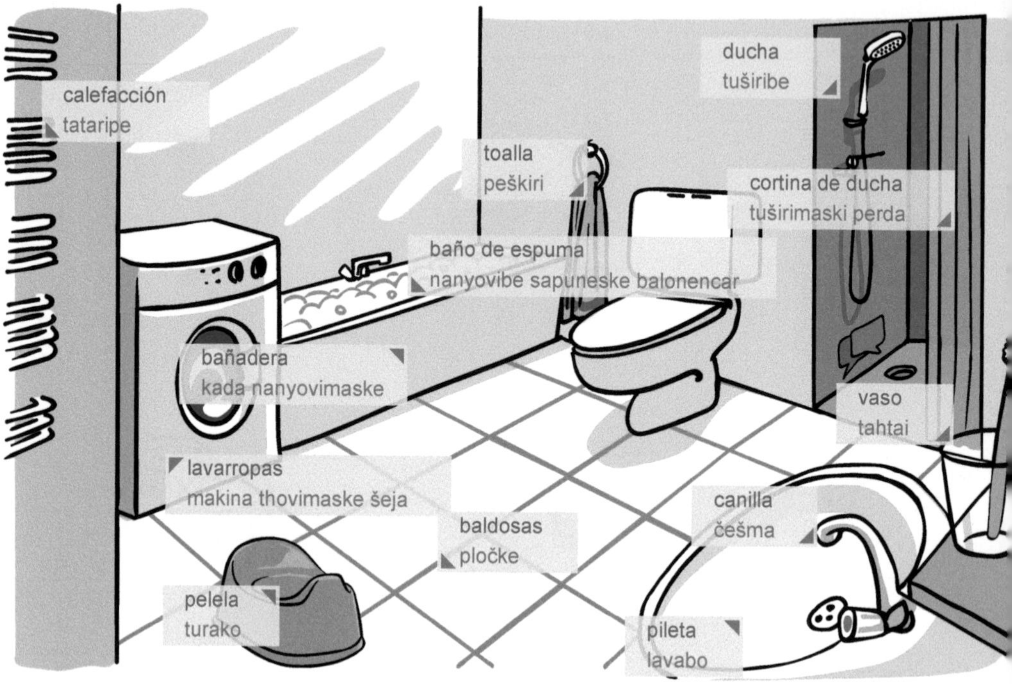

calefacción
tataripe

ducha
tuširibe

toalla
peškiri

cortina de ducha
tuširimaski perda

baño de espuma
nanyovibe sapuneske balonencar

bañadera
kada nanyovimaske

vaso
tahtai

lavarropas
makina thovimaske šeja

canilla
češma

baldosas
pločke

pelela
turako

pileta
lavabo

inodoro
toaleti

letrina
toaleti bešimasa ko pundre

bidé
bide

mingitorio
pisoari

papel higiénico
toaletesko lil

cepillo para el inodoro
frča toaleteske

cepillo de dientes

danda thovimaski frča

dentífrico

danda thovimaski krema

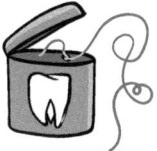

hilo dental

dandesko thav

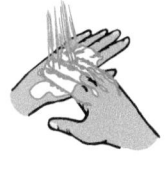

lavar

thovibe danda

ducha de mano

vasteskoro tuši

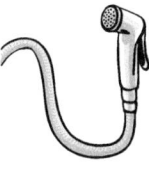

ducha higiénica

tuši

palangana

lavabo

cepillo para espalda

dumeski frča

jabón

sapuni

gel de ducha

tuširimasko geli

shampoo

šamponi

toallita

flanela

desagüe

kada ćidimaske pani

crema

krema

desodorante

dezodoransi

espejo

ajna

espejito

vasteski ajna

maquinita de afeitar

žileti moravimaske

espuma de afeitar

moravimaski pena

aftershave

palal muravimaski krema

peine

kanglik

cepillo

frča

secador de pelo

feni balenge

spray

sprej balenge

maquillaje

šminka

lápiz de labios

karmini

esmalte para uñas

oja najenge

algodón

pamuko pošom

tijera para uñas

kata najenge

perfume

parfemi

portacosméticos

gono thovimaske

banqueta

sandaliya

balanza

tereziya

bata

bademantili

guantes de goma

gumena kalcunya

tampón

tamponi

toallita femenina

toaletno lil

baño químico

hemikano toaleti

# cuarto de los chicos
## čhavengi kamara

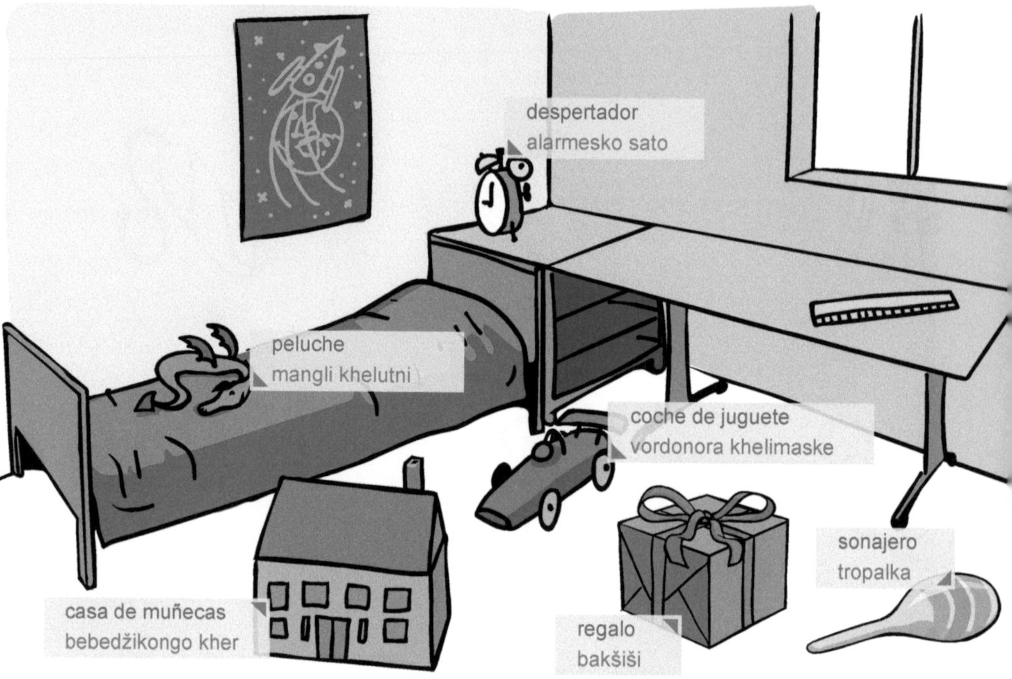

despertador
alarmesko sato

peluche
mangli khelutni

coche de juguete
vordonora khelimaske

casa de muñecas
bebedžikongo kher

regalo
bakšiši

sonajero
tropalka

globo

baloni

cartas

špili karte

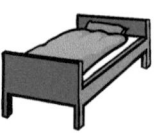

cama

kreveto

rompecabezas

ker-rumin khelin

cochecito

bebengo vordon

historieta

komikano lil

piezas de lego

lego kocke

ladrillos de juguete

kocke khelimaske

figura de acción

akciaki figura

enterito (de bebé)

bodi bebeske

frisbee

frizbi

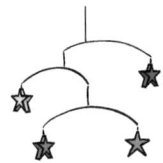

móvil para bebés

mobile

juego de mesa

masa khelimaske

dados

zari

tren eléctrico

pampuri khelimaske

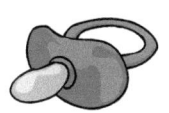

chupete

cucla

fiesta

bahlana

libro de cuentos ilustrado

tasvirengo lil

pelota

topka

muñeca

bebedžiko

jugar

khelibe

arenero

pošikako than

hamaca

kuna

juguetes

khelimaske butya

consola de videojuegos

konzola video khelimaske

triciclo

triciklo

osito de peluche

poftaneski ričini

armario

garderoba

# ropa
## šeja

medias

kalcunya

medias panty

khuvde kalcunya

calzas

hulahopke

bufanda
momija

paraguas
čadori

remera
maica

cinturón
kaiši

botas
čizme

pantuflas
papuče

zapatillas
trenerke

sandalias
sandale

zapatos
menije

botas de goma
gumena čizme

ropa interior
sostenya

corpiño
eleko

chaleco
jeleko

body
bodi

pantalones
pantalonya

jeans
farmerke

pollera
suknya

blusa
bluza

camisa
gat

pulóver
puloveri

buzo
dukseri

blazer
harno kaputi

campera
džeketi

tapado
kaputi

piloto
biršimdesko mantili

traje
kostimi

vestido
fustano

vestido de novia
prandinako fustano

traje
kostumi

camisón
rakjako fustano

pijama
pižame

sari
sari

pañuelo para cabeza
momija šereske

turbante
turbani

burka
burka

caftán
kaftani

abaya
abaya

traje de baño
nangyovimaske šeja

short de baño
buxle pantolonya

shorts
harne pantolonya

jogging
sporteske trenerke

delantal
kecelya

guantes
vasteske kalcunya

botón
kopča

anteojos
gjuzlukya

pulsera
belegziya

collar
mirikle

anillo
angrustik

aro
čeni

gorra
stadik

percha
kaputeski čiviya

sombrero
stadik

corbata
kravata

cierre
patenti

casco
kaciga

tiradores
dandenge proteze

uniforme escolar
školaki uniforma

uniforme
uniforma

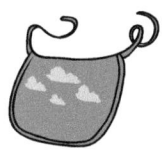

babero

ligarka

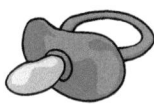

chupete

cucla

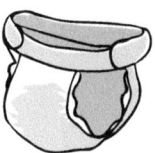

pañal

pherno

# oficina
## ofiso

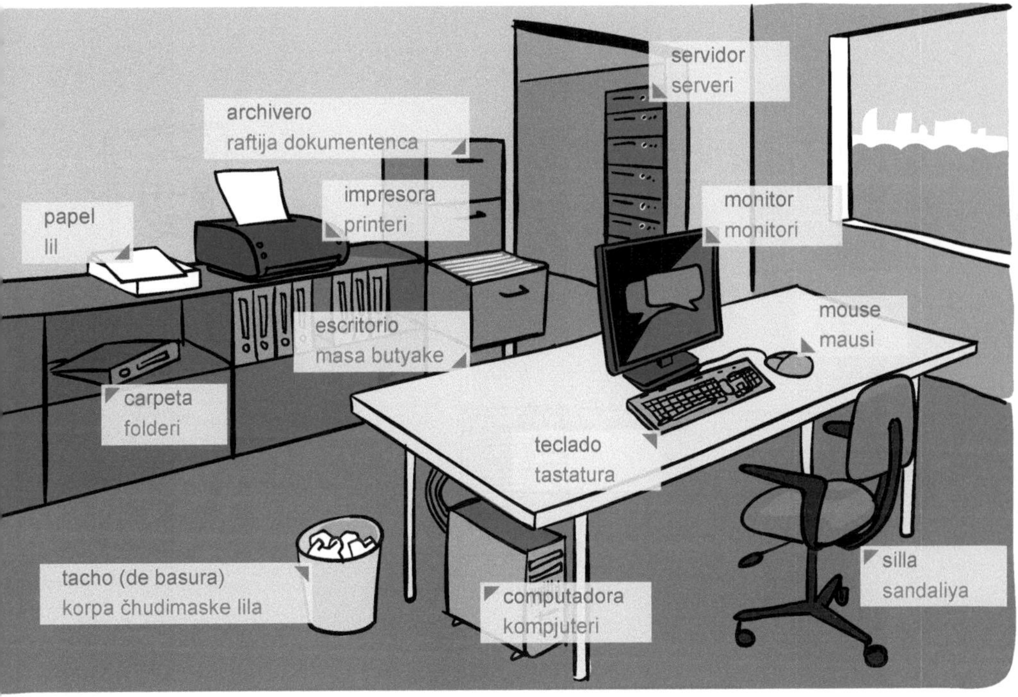
servidor
serveri
archivero
raftija dokumentenca
impresora
printeri
papel
lil
monitor
monitori
mouse
mausi
escritorio
masa butyake
carpeta
folderi
teclado
tastatura
tacho (de basura)
korpa čhudimaske lila
computadora
kompjuteri
silla
sandaliya

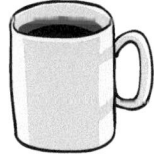

taza de café

fildžano kafake

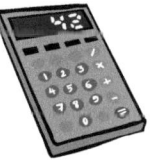

calculadora

kalkulatori

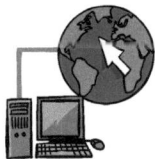

internet

internet

laptop

laptop

carta

lil

mensaje

mesaži

celular

mobilno telefono

red

netvorko

fotocopiadora

kopirimaski makina

software

softveri

teléfono

telefono

tomacorriente

štekeri

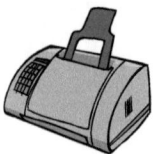

fax

faks makina

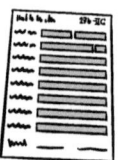

formulario

formulari

documento

dokumento

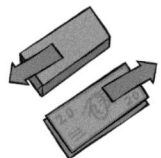

comprar
kinibe

pagar
pokinibe

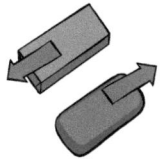

hacer negocios
kino-bikinibe

dinero
love

dólar
dolari

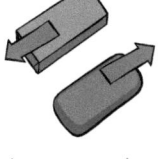

euro
euro

yen
jeni

rublo
rublya

franco suizo
švajcariako franko

yuan
renminbi juan

rupia
rupija

cajero automático
lovengo automati

casa de cambio

biro baši devize

oro

somnakaj

plata

rup

petróleo

petroli

energía

energia

precio

fiyati

contrato

kontrakto

impuesto

taksa

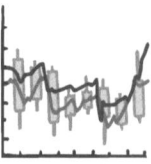

acción

berzaki akcija

trabajar

butikeribe

empleado

butyarno

empleador

butyako dendutno

fábrica

fabrika

negocio

dukyano

policía
Policiako oficero

bombero
jagako aćhavutno

cocinero
habekerutno

médico
doktoro

piloto
piloti

jardinero

bavčako butyarno

carpintero

tišleri

modista

šnajderka

juez

krisuno

farmacéutico

hemičari

actor

akteri

colectivero

autobusesko šoferi

taxista

taksisti

pescador

mačhengo astarutno

mucama

užarutni

techista

učharinengo kerutno

mozo

kelneri

cazador

avdžija

pintor

tasvirkerutno

panadero

furnadžia

electricista

elektrikako phirno

albañil

tamirutno

ingeniero

inžinjeri

carnicero

kasapi

plomero

panjesko butyarno

cartero

poštari

soldado
askeri

arquitecto
arhitekto

cajero
kasieri

florista
luludyari

peluquero
frizeri

cobrador
kondukteri

mecánico
mekanisti

capitán
kapetani

dentista
dandengo saslyarno

científico
vigjanalo manuš

rabino
rabini

imán
imami

monje
rašaj

sacerdote
rašaj

# herramientas
## alatia

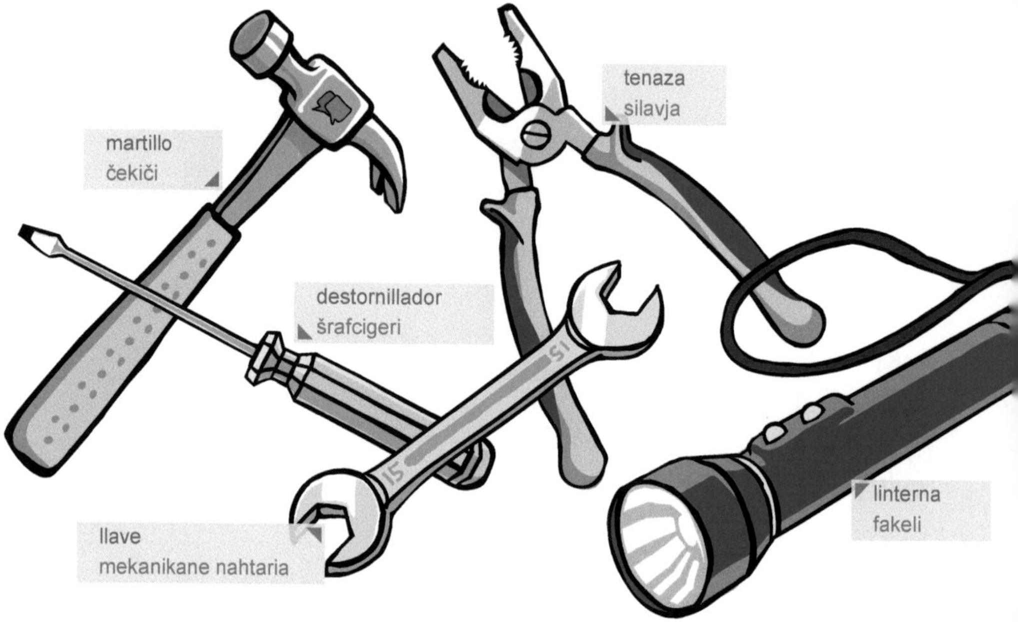
martillo
čekiči
tenaza
silavja
destornillador
šrafcigeri
llave
mekanikane nahtaria
linterna
fakeli

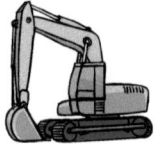

excavadora

hrandimasko alati

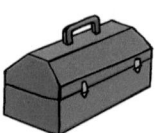

caja de herramientas

alateski kutia

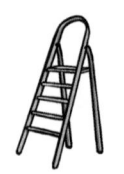

escalera portátil

merdeveni

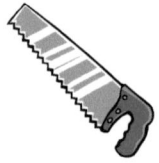

sierra

pila

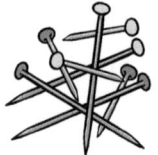

clavos

karfa

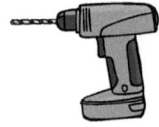

taladro

posavin

arreglar
lačharkeribe

pala de jardín
lopata

¡Qué bronca!
Naleti!

pala de plástico
vatrali

tacho de pintura
lonco bojimaske

tornillos
šrafja

## instrumentos musicales
## muzikane instrumentia

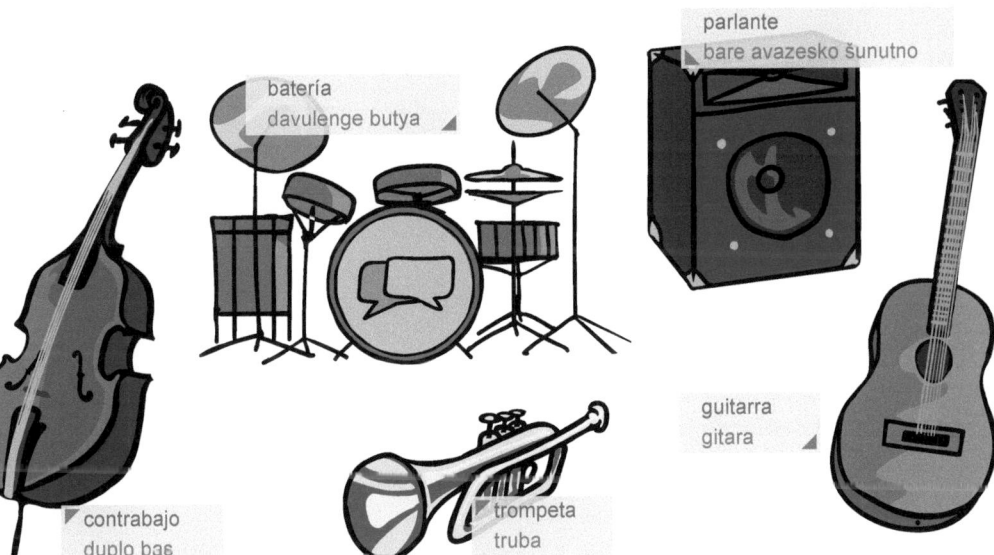

parlante
bare avazesko šunutno

batería
davulenge butya

contrabajo
duplo bas

trompeta
truba

guitarra
gitara

piano
piano

violín
kemana

bajo
bas

timbales
timpani

tambor
davulia

teclado
sintisajzeri

saxofón
saksafoni

flauta
flejta

micrófono
mikrofoni

instrumentos musicales - muzikane instrumentia

# zoológico

## zoo

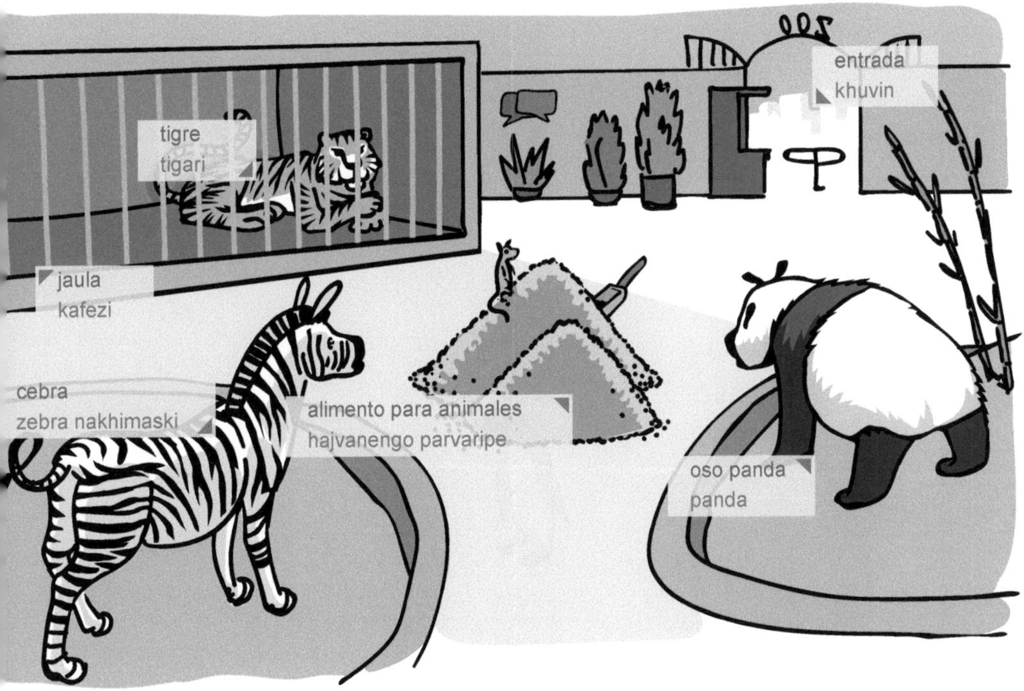
entrada
khuvin
tigre
tigari
jaula
kafezi
cebra
zebra nakhimaski
alimento para animales
hajvanengo parvaripe
oso panda
panda

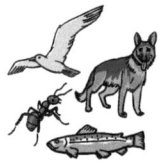

animales
hajvania

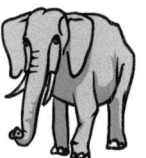

elefante
elefanti

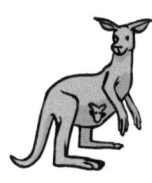

canguro
kenguri

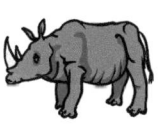

rinoceronte
rino

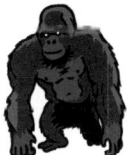

gorila
gorila

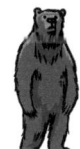

oso
ričini

camello

kamila

avestruz

ostriga

león

aslani

mono

majmuni

flamenco

flamingo

loro

papagali

oso polar

polarno ričini

pingüino

pingvini

tiburón

ajkula

pavo real

pauno

serpiente

sap

cocodrilo

krokodilo

cuidador del zoológico

zoo arakhutno

foca

foka

jaguar

jaguari

zoológico - zoo

poni
poni

leopardo
leopardi

hipopótamo
hipo

jirafa
žirafa

águila
zorale kandžengi paškin

jabalí
bali

pescado
mačho

tortuga
želka

morsa
morži

zorro
lumri

gacela
gazela

zoológico - zoo

# deportes
# sportia

fútbol americano
Amerikako fudbali

ciclismo
biciklizmo

tenis
tenis

básquet
basketboli

natación
nangjovibe

boxeo
boksi

hockey sobre hielo
hokej ko paho

fútbol
fudbali

bádminton
badmington

atletismo
atletika

handball
vasteskoboli

esquí
skiibe

polo
polo

# actividades
# aktivitetia

reír
asaibe
saltar
hutibe
abrazar
deibe angali
caminar
phiribe
cantar
giljavibe
soñar
dikhibe suno
rezar
azirikeribe
besar
čumibe


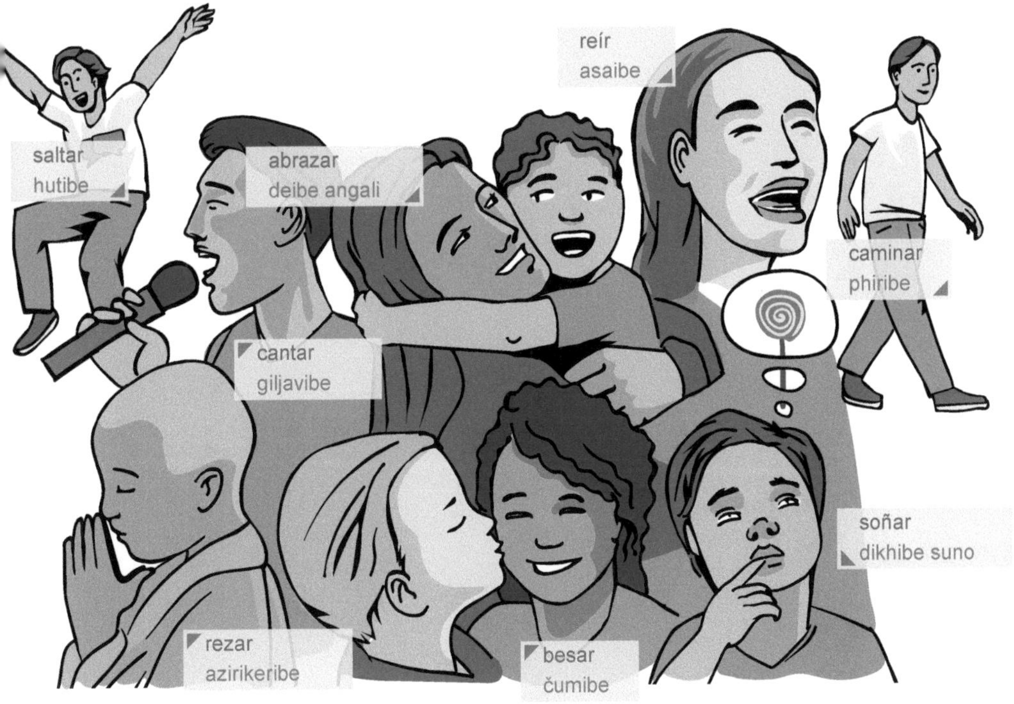

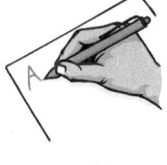

escribir
hramovibe

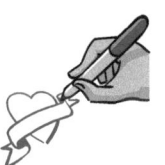

dibujar
čitribe

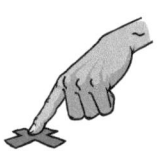

mostrar
sikavibe

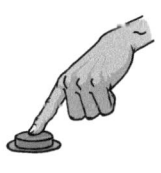

presionar
cidljaribe

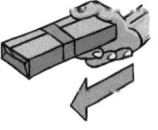

dar
deibe

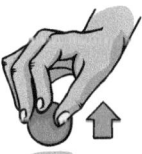

tomar
leibe

tener

isibe

hacer

keribe

ser

te ovel

estar parado

tergyovibe

correr

prastaibe

tirar

cidibe

tirar

čhudibe

caer

peribe

estar acostado

hovavibe

esperar

adžikeribe

llevar

phiravibe

estar sentado

bešibe

vestirse

urjavibe

dormir

sovibe

despertar

džangavibe

mirar

dikhibe ko

llorar

rovibe

acariciar

čalavibe

peinar

uhlavibr

hablar

vakeribe

entender

haljovibe

preguntar

puč

escuchar

šunibe

beber

piibe

comer

habe

ordenar

užaribe

amar

kamibe

cocinar

keribe habe

manejar

paldibe vordon

volar

urjalibe

navegar

vaporea džaibe

calcular

kalkulirin

leer

drabaribe

aprender

sikljovibe

trabajar

butikeribe

casarse

prandibe

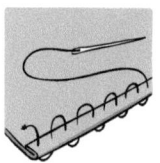

coser

suvibe

cepillarse los dientes

thovibe danda

matar

mudaribe

fumar

piibe dahani

enviar

bičhalibe

abuela
mami

abuelo
papu

padre
dat

madre
daj

bebé
bebe

hija
čhaj

hijo
čhavo

invitado

misafiri

tía

bibi

tío

kako

hermano

phral

hermana

phen

# cuerpo
# trupo

frente
čekat
ojo
jakh
hombro
piko
dedo
naj
cara
muj
pera
vilica
mano
vast
pecho
čuči
pierna
pundro
brazo
musik


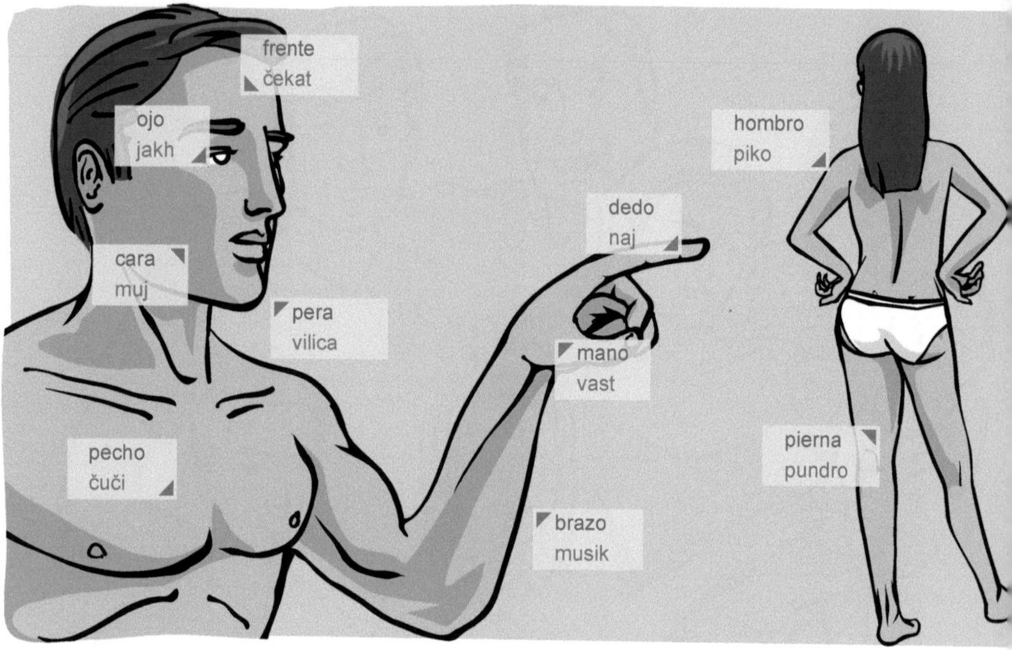

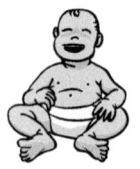

bebé

bebe

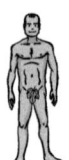

hombre

murš

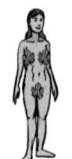

mujer

džuvli

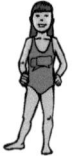

nena

čhaj

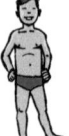

nene

ćhavo

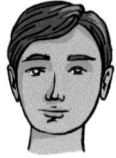

cabeza

šero

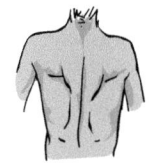

espalda
dumo

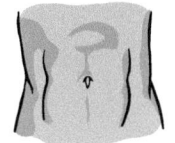

panza
maškar

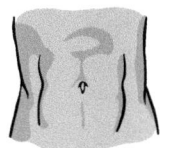

ombligo
pupko

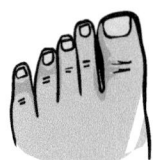

dedo del pie
pundrenge naja

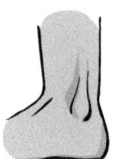

talón
patum

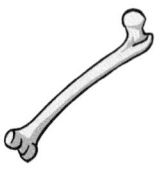

hueso
kokalo

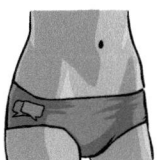

cadera
kuko

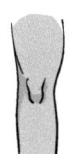

rodilla
koč

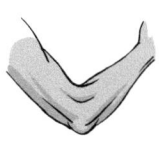

codo
lahci

nariz
nakh

cola
bul

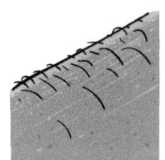

piel
mortik

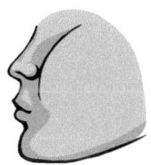

cachete
čham

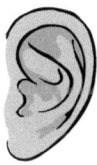

oreja
kan

labio
voš

boca

muj

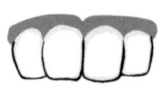

diente

danda

lengua

ćhib

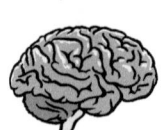

cerebro

godi

corazón

vilo

músculo

muskulo

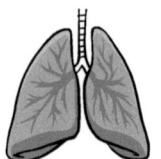

pulmón

kolin

hígado

buko

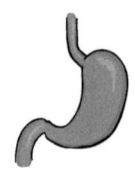

estómago

vogi

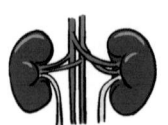

riñones

bubrekora

sexo

seks

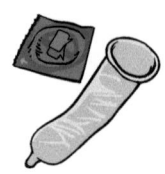

preservativo

kondomi

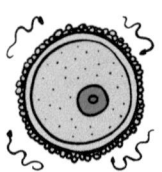

óvulo

yarengi kletka

semen

sperma

embarazo

khamnipe

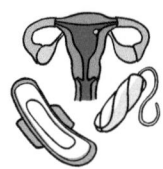

menstruación

menstruaciya

vagina

vagina

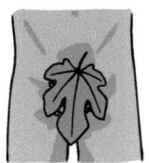

pene

penis

ceja

phov

pelo

bala

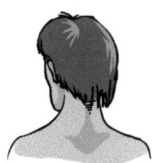

cuello

men

# hospital
# hospitalo

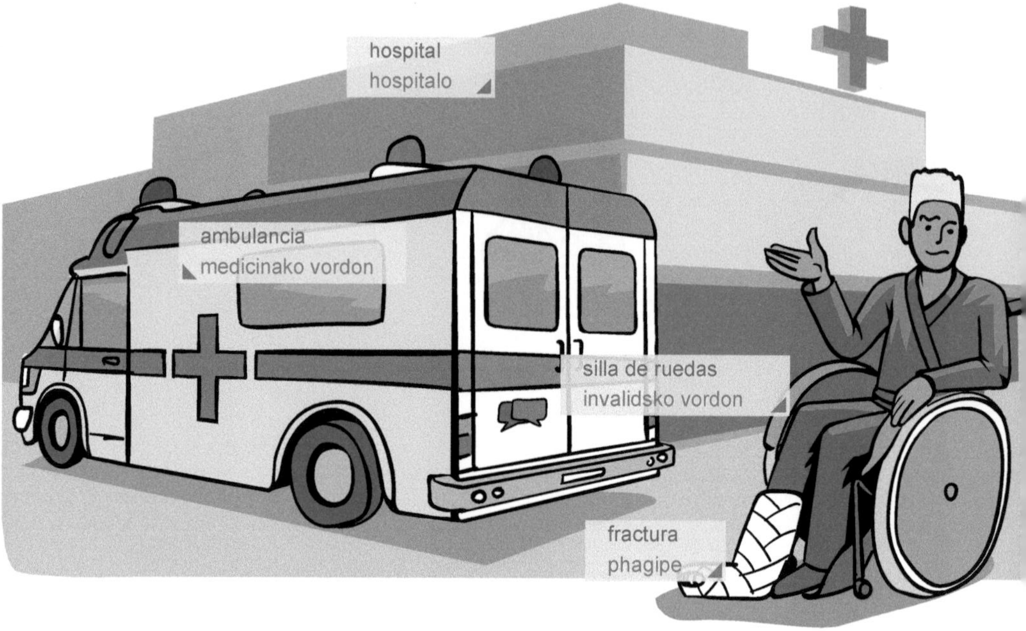

hospital
hospitalo
ambulancia
medicinako vordon
silla de ruedas
invalidsko vordon
fractura
phagipe


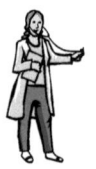

médico

doktoro

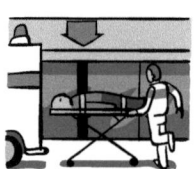

sala de guardia

sigyarimaski kamara

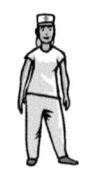

enfermera

medicinaki phen

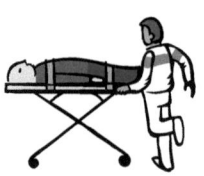

emergencia

sigyaripen

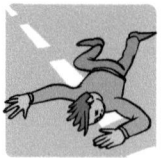

inconsciente

ki koma

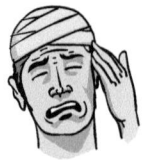

dolor

dukh

lesión
dukhavipen

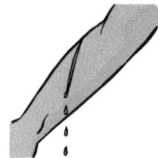

hemorragia
ratvaripe

infarto
infrakto

ACV
šlog

alergia
alergiya

tos
khuinibe

fiebre
tinanipe

gripe
gripa

diarrea
diyarea

dolor de cabeza
šereski dukh

cáncer
kanceri

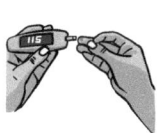

diabetes
diyabetes

cirujano
operaciya

bisturí
skalperi

operación
operaciya

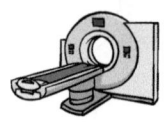

TC
CT

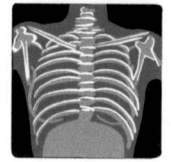

rayos x
rentgen

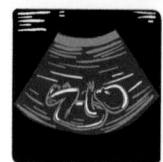

ecografía
ultra avazo

barbijo
mujeski maska

enfermedad
nasvalipe

sala de espera
adžukyarimasko than

muleta
paterica

curita
flastero

venda
phandimaski gaza

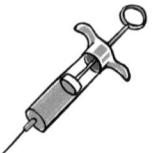

inyección
inyekciya

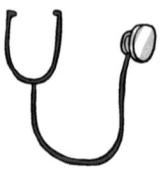

estetoscopio
stetoskopo

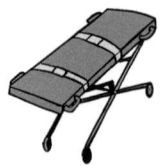

camilla
tregero

termómetro
klinicko termometro

nacimiento
biyanipe

sobrepeso
baro thulipe

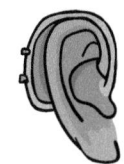

audífono
ašunimasko aparato

desinfectante
dezinfekciako

infección
infekciya

virus
viruso

VIH / SIDA
HIV / SIDA

remedio
medicina

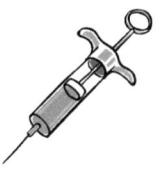

vacunación
vakcinaciya

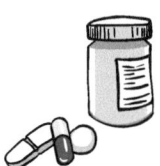

comprimidos
tabletura

pastilla anticonceptiva
hapi

llamada de emergencia
sigyarimasko akharipe

tensiómetro
monitori vaš učo pretisak

enfermo / sano
nasvalo / sasto

¡Ayuda!

Mažutisar!

alarma

alarmo

agresión

atako

ataque

atako

peligro

dar buti

salida de emergencia

sigyarimasko iklyovipen

¡Fuego!

Bari jag!

matafuego

mamuj jagako aparati

accidente

bibax

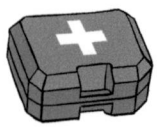

botiquín de primeros
auxilios

butya avgo ažutimaske

SOS

SOS

policía

Policia

Europa

Evropa

América del Norte

Utarali Amerika

América del Sur

Purabali Amerika

África

Afrika

Asia

Azija

Australia

Australia

Atlántico

Atlantiko

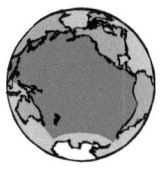

Pacífico

Pacifiko

Océano Índico

Indiako Okeano

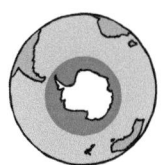

Océano Antártico

Antarktikosko Okeano

Océano Ártico

Arktikosko Okeano

polo norte

Utaralo poli

polo sur

Purabalo poli

Antártida

Antarktiko

Tierra

phuv

tierra

phuv

mar

samudra

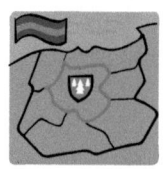

isla

džaziri

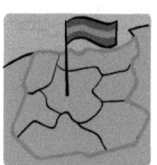

nación

nacija

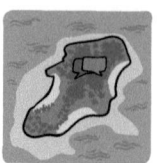

estado

raštra

esfera

saatosko gendo

manecilla de las horas

saatoski sikavni

minutero

dakikongi sikavni

segundero

kundarno saatoski sikavin

¿Qué hora es?

Kozom si o saato?

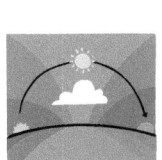

día

dive

hora

vrama

ahora

akana

reloj digital

digitalno saato

minuto

dakika

hora

ćaso

lunes
Lujin

miércoles
trintodi

viernes
Paraskin

martes
Dujtodi

sábado
Savato

jueves
Štartodi

domingo
Purano kurko

ayer
erati

hoy
avdive

mañana
tajsa

mañana
javin

mediodía
ekvaš dive

tarde
blevel

días hábiles
butyarne divesa

fin de semana
vikend

# año
## berš

lluvia
biršim
arco iris
renkali badalin
nieve
iv
viento
bavlal
primavera
anglonilaj
otoño
palonilaj
verano
nilaj
invierno
ivend


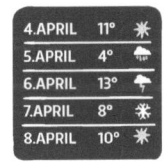

4.APRIL 11°
5.APRIL 4°
6.APRIL 13°
7.APRIL 8°
8.APRIL 10°


ronóstico meteorológico

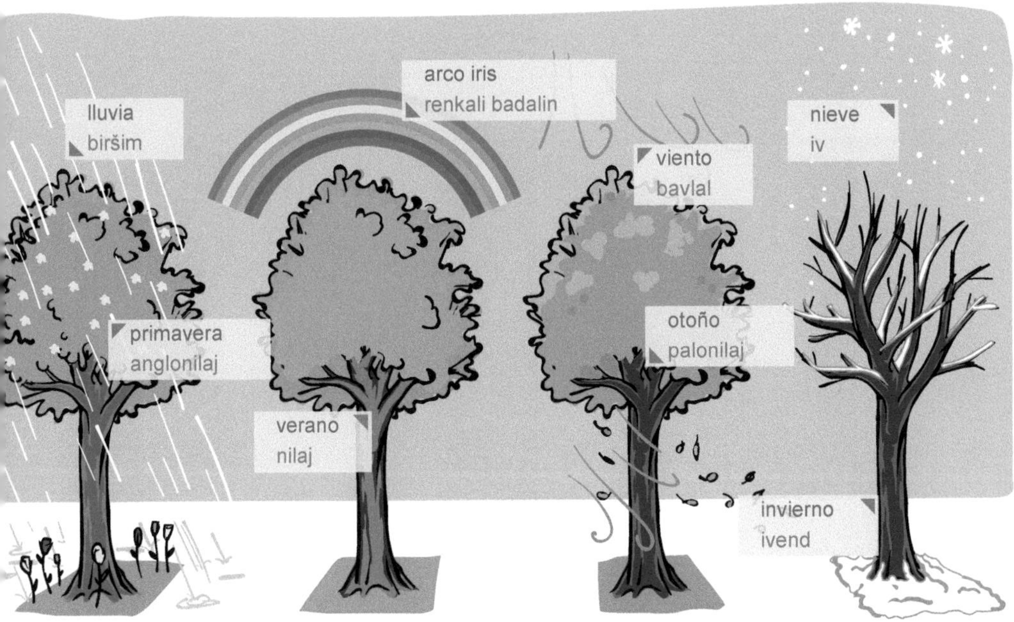

vramakoro vakeribe

F C
120 40
90 30
60 20
30 10
0 0
-30 -10
-20


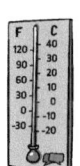

termómetro

termometro

luz del sol

khamalo

nube

badal

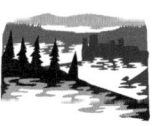

niebla

muhi

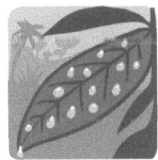

humedad

nemlime hava

rayo

šemšekoja

trueno

šemšekosko čalavibe

tormenta

bura

granizo

kijameti

monzón

monsuni

inundación

baro pani

hielo

paho

enero

Januaro

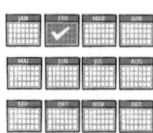

febrero

Februaro

marzo

Marto

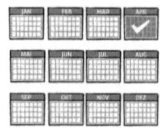

abril

Aprilo

mayo

Majo

junio

Juno

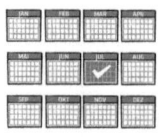

julio

Julo

agosto

Augusto

año - berš

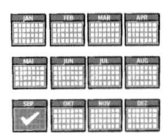

septiembre
..................
Septembro

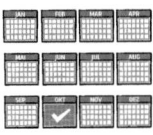

octubre
..................
Oktombro

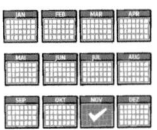

noviembre
..................
Novembro

diciembre
..................
Dekembro

# formas
## forme

círculo
..................
rota

cuadrado
..................
kvadrati

rectángulo
..................
rektanglo

triángulo
..................
trianglo

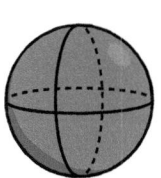

esfera
..................
sfera

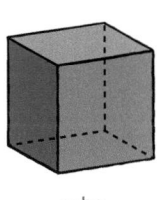

cubo
..................
kocka

blanco
parni

amarillo
galbeno

naranja
pomarandža

rosa
roze

rojo
loli

violeta
lila

azul
vunato

verde
harjali

marrón
kafeno

gris
kuršumlija

negro
kali

mucho / poco

but / hari

enojado / tranquilo

holjame / mudro

lindo / feo

šuži / bišuži

principio / fin

starto / agor

grande / chico

baro / tikno

claro / oscuro

puterde bojako / phanle bojako

hermano / hermana

phral / phen

limpio / sucio

užo / melalo

completo / incompleto

sahno / bisahno

día / noche

dive / rat

muerto / vivo

mulo / dživdo

ancho / angosto

buvlo / tank

comestible / no comestible

hala pe / na hala pe

malo / amable

džungalo / šukar

entusiasmado / aburrido

bare vogjea / bi vogjea

gordo / flaco

thulo / kišlo

primero / último

avgo / paluno

amigo / enemigo

amal / dušmani

lleno / vacío

pherdo / čučo

duro / blando

zoralo / kovlo

pesado / liviano

pharo / lokho

hambre / sed

bokh / truš

enfermo / sano

nasvalo / sasto

ilegal / legal

ilegalno / legalno

inteligente / estúpido

godyaver / bigodyako

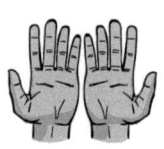

izquierda / derecha

bajan / dahin

cerca / lejos

paše / dur

nuevo / usado
nevo / purano

nada / algo
khanči / vareso

viejo / joven
phuro / terno

encendido / apagado
phabardo / ačhavdo

abierto / cerrado
puterdo / phanlo

silencioso / ruidoso
mudro / bare avazeskoro

rico / pobre
barvalo / čorolo

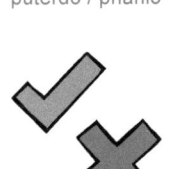

correcto / incorrecto
čačutno / došalo

áspero / suave
zoralo / kovlo

triste / contento
mazuni / lošalo

corto / largo
skurto / lungo

lento / rápido
pohari / sigate

mojado / seco
sapano / šuko

caliente / frío
tato / šudro

guerra / paz
mareba / sansari

**0**

cero

zero

**1**

uno

jek

**2**

dos

duj

**3**

tres

trin

**4**

cuatro

štar

**5**

cinco

panč

**6**

seis

šov

**7**

siete

efta

**8**

ocho

ohto

**9**

nueve

enja

**10**

diez

deš

**11**

once

dešujek

## 12
doce

dešuduj

## 13
trece

dešutrin

## 14
catorce

dešuštar

## 15
quince

dešupanč

## 16
dieciséis

dešušov

## 17
diecisiete

dešefta

## 18
dieciocho

dešohto

## 19
diecinueve

dešenja

## 20
veinte

biš

## 100
cien

šel

## 1.000
mil

milja

## 1.000.000
millón

milioni

inglés

Anglicko

inglés americano

Americko Anglicko

chino mandarín

Kinesko Mandarinsko

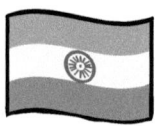

hindi

Indisko

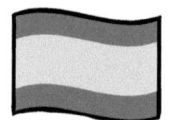

español

Špansko

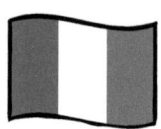

francés

Francusko

árabe

Arapsko

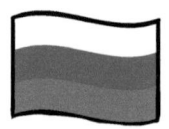

ruso

Rusko

portugués

Portugalsko

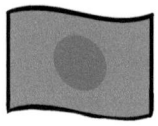

bengalí

Bengalsko

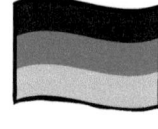

alemán

Nemicko

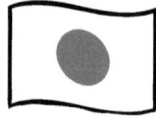

japonés

Japansko

yo

thaj

vos

tu

él / ella

ov / oj

nosotros

amen

ustedes

tumen

ellos

ola

¿quién?

ko?

¿qué?

so?

¿cómo?

sar?

¿dónde?

kote?

¿cuándo?

kana'?

nombre

anav

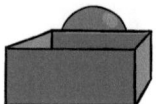

detrás

palal

en

andre

adelante de

anglal o

por encima de

upral

sobre

an

debajo de

telal

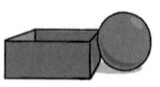

al lado de

trujal

entre

maškaral

lugar

than